This Recipe Book Belongs to...

....

....

Table of Contents

Recipe	Page

Table of Contents

Recipe	Page

Table of Contents

Table of Contents

Recipe	Page

Recipe ....

Source ....

Ingredients

....

....

....

....

....

....

....

....

....

....

....

Special Notes...

....

....

....

....

Directions

Recipe ....

Source ....

Ingredients

....

....

....

....

....

....

....

....

....

....

....

....

Special Notes...

....

....

....

....

Directions

Recipe ....

Source ....

Ingredients

....

....

....

....

....

....

....

....

....

....

....

....

Special Notes...

....

....

....

....

....

Directions

Recipe ....

Source ....

Ingredients

....

....

....

....

....

....

....

....

....

....

....

Special Notes...

....

....

....

....

Directions

Recipe ....

Source ....

Ingredients

....

....

....

....

....

....

....

....

....

....

....

Special Notes...

....

....

....

....

Directions

Recipe ....

Source ....

Ingredients

....

....

....

....

....

....

....

....

....

....

....

....

....

....

Special Notes...

....

....

....

....

....

Directions

Recipe ....

Source ....

Ingredients

....

....

....

....

....

....

....

....

....

....

....

....

Special Notes...

....

....

....

....

Directions

Recipe ....

Source ....

Ingredients

....

....

....

....

....

....

....

....

....

....

....

....

Special Notes...

....

....

....

....

Directions

Recipe ....

Source ....

Ingredients

....

....

....

....

....

....

....

....

....

....

....

....

Special Notes...

....

....

....

....

Directions

Recipe ....

Source ....

Ingredients

....

....

....

....

....

....

....

....

....

....

....

Special Notes...

....

....

....

....

Directions

Recipe ....

Source ....

Ingredients

....

....

....

....

....

....

....

....

....

....

....

....

Special Notes...

....

....

....

....

Directions

Recipe ....

Source ....

Ingredients

....

....

....

....

....

....

....

....

....

....

....

....

Special Notes...

....

....

....

....

Directions

Recipe ....

Source ....

Ingredients

....

....

....

....

....

....

....

....

....

....

....

....

....

Special Notes...

....

....

....

....

Directions

Recipe ....

Source ....

Ingredients

....

....

....

....

....

....

....

....

....

....

....

....

Special Notes...

....

....

....

....

Directions

Recipe ....

Source ....

Ingredients

....

....

....

....

....

....

....

....

....

....

....

....

Special Notes...

....

....

....

....

Directions

Recipe ....

Source ....

Ingredients

....

....

....

....

....

....

....

....

....

....

....

....

Special Notes...

....

....

....

....

Directions

Recipe ....

Source ....

Ingredients

....

....

....

....

....

....

....

....

....

....

....

Special Notes...

....

....

....

....

Directions

Recipe ....

Source ....

Ingredients

....

....

....

....

....

....

....

....

....

....

....

....

....

Special Notes...

....

....

....

....

Directions

Recipe ....

Source ....

Ingredients

....

....

....

....

....

....

....

....

....

....

....

....

Special Notes...

....

....

....

....

Directions

Recipe ....

Source ....

Ingredients

....

....

....

....

....

....

....

....

....

....

....

....

Special Notes...

....

....

....

....

Directions

Recipe ....

Source ....

Ingredients

....

....

....

....

....

....

....

....

....

....

....

....

Special Notes...

....

....

....

....

Directions

Recipe ....

Source ....

Ingredients

....

....

....

....

....

....

....

....

....

....

....

....

Special Notes...

....

....

....

....

Directions

Recipe ....

Source ....

Ingredients

....

....

....

....

....

....

....

....

....

....

....

....

Special Notes...

....

....

....

....

Directions

Recipe ....

Source ....

Ingredients

....

....

....

....

....

....

....

....

....

....

....

....

Special Notes...

....

....

....

....

Directions

Recipe ....

Source ....

Ingredients

....

....

....

....

....

....

....

....

....

....

....

....

Special Notes...

....

....

....

....

Directions

Recipe ....

Source ....

Ingredients

....

....

....

....

....

....

....

....

....

....

....

....

Special Notes...

....

....

....

....

Directions

Recipe ....

Source ....

Ingredients

....

....

....

....

....

....

....

....

....

....

....

Special Notes...

....

....

....

....

Directions

Recipe ....

Source ....

Ingredients

....

....

....

....

....

....

....

....

....

....

....

....

Special Notes...

....

....

....

....

Directions

Recipe ....

Source ....

Ingredients

....

....

....

....

....

....

....

....

....

....

....

....

Special Notes...

....

....

....

....

Directions

Recipe ....

Source ....

Ingredients

....

....

....

....

....

....

....

....

....

....

....

....

Special Notes...

....

....

....

....

Directions

Recipe ....

Source ....

Ingredients

....

....

....

....

....

....

....

....

....

....

....

Special Notes...

....

....

....

....

Directions

Recipe ....

Source ....

Ingredients

....

....

....

....

....

....

....

....

....

....

....

....

Special Notes...

....

....

....

....

....

Directions

Recipe ....

Source ....

Ingredients

....

....

....

....

....

....

....

....

....

....

....

....

....

Special Notes...

....

....

....

....

Directions

Recipe ....

Source ....

Ingredients

....

....

....

....

....

....

....

....

....

....

....

Special Notes...

....

....

....

....

Directions

Recipe ....

Source ....

Ingredients

....

....

....

....

....

....

....

....

....

....

....

....

Special Notes...

....

....

....

....

Directions

Recipe ....

Source ....

Ingredients

....

....

....

....

....

....

....

....

....

....

....

....

....

Special Notes...

....

....

....

....

Directions

Recipe ....

Source ....

Ingredients

....

....

....

....

....

....

....

....

....

....

....

Special Notes...

....

....

....

....

Directions

Recipe ....

Source ....

Ingredients

....

....

....

....

....

....

....

....

....

....

....

Special Notes...

....

....

....

....

Directions

Recipe ....

Source ....

Ingredients

....

....

....

....

....

....

....

....

....

....

....

....

....

Special Notes...

....

....

....

....

Directions

Recipe ....

Source ....

Ingredients

....

....

....

....

....

....

....

....

....

....

....

Special Notes...

....

....

....

....

Directions

Recipe ....

Source ....

Ingredients

....

....

....

....

....

....

....

....

....

....

....

....

....

Special Notes...

....

....

....

....

Directions

Recipe ....

Source ....

Ingredients

....

....

....

....

....

....

....

....

....

....

....

....

Special Notes...

....

....

....

....

Directions

Recipe ....

Source ....

Ingredients

....

....

....

....

....

....

....

....

....

....

....

....

Special Notes...

....

....

....

....

Directions

Recipe ....

Source ....

Ingredients

....

....

....

....

....

....

....

....

....

....

....

Special Notes...

....

....

....

....

Directions

Recipe ....

Source ....

Ingredients

....

....

....

....

....

....

....

....

....

....

....

....

Special Notes...

....

....

....

....

....

Directions

Recipe ....

Source ....

Ingredients

....

....

....

....

....

....

....

....

....

....

....

....

Special Notes...

....

....

....

....

Directions

Recipe ....

Source ....

Ingredients

....

....

....

....

....

....

....

....

....

....

....

....

Special Notes...

....

....

....

....

Directions

Recipe ....

Source ....

Ingredients

....

....

....

....

....

....

....

....

....

....

....

....

Special Notes...

....

....

....

....

Directions

Recipe ....

Source ....

Ingredients

....

....

....

....

....

....

....

....

....

....

....

....

Special Notes...

....

....

....

....

Directions

Recipe ....

Source ....

Ingredients

....

....

....

....

....

....

....

....

....

....

....

....

Special Notes...

....

....

....

....

Directions

Recipe ....

Source ....

Ingredients

....

....

....

....

....

....

....

....

....

....

....

....

Special Notes...

....

....

....

....

Directions

Recipe ....

Source ....

Ingredients

....

....

....

....

....

....

....

....

....

....

....

Special Notes...

....

....

....

....

Directions

PRESS

Published in 2017 by
Tri-Moon Press

Printed in the United States of America

Made in the USA
Monee, IL
05 March 2021